Meditation für Anfänger:

Schritt für Schritt Meditieren lernen, für mehr Energie, Glück und innere Ruhe

Edition YingYang

Inhalt

Vorwort 1
Was ist Meditation? 3
Was sind Meditationstechniken? 6
Meditation für Anfänger - die ersten Schritte 7
Die Kurz-Meditation für Anfänger oder entspannte Momente zwischendurch 11
Was bewirken Meditationen in unserem Körper? 13
Meditation für Anfänger - was heißt es meditieren zu lernen? 14
Asana - die Meditationshaltung 15
    Die verschiedenen Asanas 15
Meditation für Anfänger - die Asanas üben 19
    Die Mantram- Meditation als Meditations-Objekt 20
    Der Atem als Meditations-Objekt 21
Ziele für die Meditation festlegen 22
Wir beginnen mit der Meditation 23
Meditation zum Abwerfen von Ballast 24
Wie du die Meditation beendest 25
Achtsamkeit - was hat es mit dem Achtsamkeitstraining auf sich? 26
Wie kann ich Achtsamkeit trainieren? 28
    Achtsamkeit und Bewusstheit 29
Was hat Achtsamkeit mit Meditation zu tun? 30
Wie wirkt sich das Achtsamkeits-Training aus? 31
Mudras - die Handhaltungen während einer Meditation 32
Das Mudra Jnana 34
Das Mudra "die offene Hand" 35
Das Mudra Dhyana - der Kelch 36

Anleitung für die Atemtechnik 37
Simple Übung für die Bauchatmung 38
Die Atem- Meditation 40
Wie oft und wie lange sollte man meditieren? 41
Was ist ein Meditations- Tagebuch? 43
Die neun goldenen Regeln für eine tiefe Meditation 45
Was ist Autosuggestion? 49
Verbessere deine Einstellung zur Meditation 50
Was sind Störungen und Unterbrechungen meiner Meditation? 52
Wie entspanne ich richtig beim Meditieren? 53
Anleitung für eine Anti- Stress- Meditation 56
Was du beim Meditieren unbedingt unterlassen solltest 58
Die dynamische Meditation 61
Die Kundalini- Meditation 62
Die Nataraj- Meditation 63
Die Nadabrahma- Meditation 64
Die Devavani- Meditation 65
Die Mandala- Meditation 66
Nachwort 67
Impressum 71

Hinweis bevor es losgeht *– warum sind keine bzw. wenige Fotos im Buch?*
Viele werden sich fragen, warum dieses Buch ohne bunte Fotos angeboten wird. Dies ist ganz einfach erklärt. Fotos sind ein hoher Kostenpunkt, den der Endkunde zu tragen hätte. Ein Buch mit Hochglanzfotos würde einen Preis von mehr als 20 Euro haben. Wir möchten unseren Lesern jedoch günstige Buchpreise bieten, deshalb haben wir bewusst auf bunte Hochglanzfotos verzichtet. Zudem ist es bedeutend umweltschonender, auf den Druck von Bildern zu verzichten. Ein Punkt, der in der heutigen Zeit immer mehr an Wichtigkeit gewinnt. Nun möchten wir euch aber nicht mehr auf die Folter spannen. Wir wünschen euch viel Spaß auf Eurem Weg zur inneren Ruhe und Glück.

Vorwort

In der heutigen Zeit beherrschen Hektik und Stress unseren Alltag. Egal ob in der Arbeit oder zu Hause, immer gibt es Tausende von Aufgaben zu erledigen und die Gedanken kreisen ständig um Dinge, die es zu erledigen gilt. Dieser Stress schafft die besten Voraussetzungen, um an Depressionen, Burn-out und vielen anderen, sogenannten "Wohlstands-Erkrankungen" zu leiden.

Wir haben einfach vergessen, besser auf uns Acht zu geben. Niemand nimmt sich mehr die Zeit, um sich einfach nur auf sich selbst zu konzentrieren. Dabei wäre es so einfach, den Stress abzubauen. Dazu sind täglich nur wenige Minuten nötig - und das Zauberwort dafür heißt Meditation.

Wer jetzt bei Meditation sofort an einen Guru in orangen oder weißen, wallenden Gewändern denkt, der stundenlang chantend in einem verdunkelten Raum sitzt, der hat sich noch nie mit diesem Thema beschäftigt und befindet sich damit auch in bester Gesellschaft. Bei Meditation geht es nicht um esoterischen oder spirituellen Humbug. Meditation ist die Kunst, die Sorgen und Ängste abzulegen, sich auf das Wesentliche zu konzentrieren und Körper, Geist und Seele Zeit für Erholung zu schenken.

Meditation kann der Weg zum Glück sein. Der Geist und auch der Körper erfahren Gelassenheit und Entspannung. Mit nur wenigen Schritten, dies noch dazu ohne Anstrengung, ist es möglich, den Körper mit neuen Energien aufzutanken.

In diesem kleinen Ratgeber bringen wir dir das Thema Meditation etwas näher und verraten dir, wie auch du von dieser asiatischen Kunst der Entspannung profitieren kannst. Dein Leben wird sich nicht schlagartig verändern, doch schon nach der ersten Meditation wirst du eine bislang nicht vorhandene Ruhe spüren.

Meditation kann in vielen Bereichen des täglichen Lebens helfen. Egal ob du unter Schlafstörungen, Ängsten, Unruhen, Stress, Aggressionen oder Hektik leidest, mit einer Meditation kannst du den Symptomen auf den Grund gehen und alles Negative entfernen. In unserem Ratgeber erfährst du die besten Tipps und Tricks, wie du zu meditieren beginnen kannst.

Meditation ist mehr als nur am Boden zu sitzen und die Augen geschlossen zu halten. Wir erklären dir, wie du mit der richtigen Körperhaltung und Atemtechnik, etwas Konzentration und vielleicht auch von dir gewählten Mantras in die Sphären der Meditation eintreten kannst und dabei deinem Körper, Geist und auch der Seele viel Gutes tust.

Was ist Meditation?

Die Praxis der Meditation kommt aus Asien und ist eng mit den asiatischen Kulturen und Religionen verbunden. Egal ob im Hinduismus, im Buddhismus oder Animismus - überall spielt das Meditieren eine große Rolle. Meditation ist jedoch nicht nur den Religionen vorbehalten, sondern Teil der Kultur und des täglichen Lebens.

Wer schon einmal in Asien war, der konnte sich garantiert vom dortigen locker, leichten "way of life" überzeugen. Alles, oder viel, wird in Asien mit einem Lächeln getan und das Leben scheint sorglos zu sein. Ein beliebter Ausspruch der Asiaten uns westlichen Bewohnern gegenüber ist: "Du denkst zu viel". Hier ist auch schon der erste Ansatz für Meditation zu finden. Wir machen uns zu viele unnötige Gedanken. Sicher, es sollten dies keine Anweisungen für ein unverantwortliches Leben sein - jeder weiß, wie wichtig die Planung des Lebens ist und auch, dass eine Vorsorge für die Zukunft unverzichtbar ist. Jedoch müssen nicht sämtliche Schritte im Einzelnen "zerdacht" werden. Mit dem Beginn der Meditation sollte man auch damit aufhören, sich unnötige Sorgen um Dinge zu machen, deren Ausgang weder voraussehbar noch zu beeinflussen ist.

Das hört sich jetzt vielleicht schwierig und kompliziert an, lässt sich jedoch an einem einfachen Beispiel erklären. Wenn du jeden Tag mit dem Bus zur Arbeit fährst und dir am Abend, weil starker Schneefall angesagt ist, den Kopf zerbrichst, ob der Bus am nächsten Tag fährt oder nicht, hast du dir unnötig den Kopf zerbrochen. Du bist die ganze Nacht wach gelegen, hattest Angst, dass du zu spät zur Arbeit kommst und dich deines erholsamen Schlafes selbst beraubt. An der Situation und am Ausgang hast du jedoch absolut keinen Einfluss.

Wenn du begonnen hast, die Meditation als Teil deines Lebens zu sehen, dann wirst du in Zukunft über solche Gedanken nur mehr lachen. Das bedeutet nicht, dass du unverantwortlich wirst oder dir manche Situationen egal geworden sind - deine Achtsamkeit hat sich allerdings verschoben. Du hast gelernt, deine Kräfte bewusst einzusetzen.

Wer sich weniger Sorgen machen muss, der lebt auch bedeutend einfacher. Wer immer nur das Negative sieht und denkt, der zieht dies auch an. Hier spricht man von Selbstprophezeiungen. Denkst du jedoch stets positiv und lässt keine sinnlosen Gedanken in deinem Kopf kreisen, so bist du im Flow. Alles scheint einfacher, schneller und natürlich auch positiver zu funktionieren.

Bei einer Meditation lernst du nun, deine Gedanken abzuschalten. Dies ist der wohl schwierigste, aber auch bedeutendste Schritt. Auf dem Kontrollieren Deiner Gedanken, dem Zulassen, dass du diese nicht kontrollierst, baut alles auf. Du lernst, wie du dir anfangs vielleicht nur wenige Minuten die Zeit schenkst, nichts zu denken. In diesem Moment fallen auch alle Ängste, alle Hektik, alle Emotionen und jeglicher Stress ab.

Stelle dir eine Meditation als deine persönliche, emotionale Müllhalde vor. Hier kannst du alles Belastende, deinen gesamten seelischen Ballast, abwerfen. Durch die Stille und die innere Ruhe erfährst du, wie angenehm es ist, mit deinem Körper und deinem Geist achtsam umzugehen.

Meditation ist somit deine Zeit des Tages, die nur dir gehört. Wir werden dir auch verschiedenste Techniken zur Meditation vorstellen. Denn nicht für jeden sind dieselben Methoden passend. Meditationen sind so facettenreich wie wir Menschen selbst. Gerade aktive Menschen benötigen dynamische Methoden, die nicht weniger wirksam sind. Wichtig ist nur das Besinnen darauf, sämtliche negative Gedanken und Gefühle abzuschütteln, um erholt und gestärkt mit positiven Gedanken aus der Meditation zu gehen.

Was sind Meditationstechniken?

Meditationstechniken kannst du als dein persönliches Werkzeug ansehen. Durch diese Techniken kannst du dich von deinen Gedanken befreien und den Ballast des Alltags abwerfen. Die Techniken sind Tätigkeiten. Durch Meditationstechniken findest du eine Anleitung, wie du sitzen, atmen oder dich bewegen solltest.

Meditation an sich hat ein großes Ziel, dazusitzen und nichts zu denken, nichts zu fühlen und nichts zu machen. Für Anfänger ist gerade dies so schwierig zu verstehen. Wir sind mit dem Wissen aufgewachsen, immer produktiv sein zu müssen. Wir haben es verlernt, einfach nur dazusitzen und nichts zu tun. Mit den einzelnen Techniken erlernst du es, später wirklich nur zu meditieren und alles und jeden um Dich herum auszublenden und abzuschalten.

Mit diesen Meditationstechniken kann jeder individuell seine Erfahrungen machen. Sie sind für alle Menschen geeignet. Egal ob Kinder, Erwachsene oder ältere Menschen. Jeder findet dadurch seine optimale Methode und Technik um durch Meditation zu entspannen. Und genau darum geht es, zu entspannen und dem eigenen Geist etwas Ruhe zu schenken.

Meditation für Anfänger - die ersten Schritte

Auch bei der Meditation ist die Vorbereitung alles. Gerade am Anfang solltest du dir einen bestimmten Ort zum Meditieren aussuchen. Dies sollte ein Platz sein, an dem du dich wohl fühlst und vor allem an dem du Ruhe hast. Es ist kontraproduktiv, wenn du ständig von Straßenlärm, Radio oder Fernseher oder Mitmenschen aus deinen Gedanken. nichts zu denken, gerissen wirst. Du kannst für deine Meditationen in den Park, den Garten oder ein bestimmtes Zimmer gehen, an dem du dich ungestört entfalten kannst. Wenn es möglich ist, solltest du deine Familie bitten, dir diese paar Minuten Freiraum zu gönnen und für Ruhe zu sorgen.

Du kannst dir ein Ritual erschaffen. Du kannst Räucherstäbchen anzünden oder den Raum mit Kerzen dekorieren, oder eben mit einer besonders kuscheligen Decke in den Garten oder Park gehen. Ein wichtiger Punkt für den Erfolg deiner Meditation ist auch, dass du dein Mobiltelefon abschaltest. Während deiner Meditation musst du garantiert nicht, für niemanden, erreichbar sein.

Auch die optimale Kleidung ist ausschlaggebend für deinen Erfolg. Du musst dich zur Meditation nicht verkleiden, solltest aber Bekleidung wählen, in der du dich rundum absolut wohl fühlst. Das kann eine bequeme Jogginghose, ein altes T-Shirt oder ein Kleid sein. Wichtig ist, dass du auf keinen Fall schwitzen musst und du auch nicht zu frieren beginnst. Du solltest dich nicht eingeengt fühlen. Äußere Einflüsse sollten dich nicht von deiner Meditation ablenken. Wenn du im Freien meditieren möchtest, denk somit auch an warme Socken, einen Schal, eine Mütze oder eine Jacke.

Gerade zu Beginn kann es hilfreich sein, wenn du immer zur selben Zeit meditierst. Der Mensch ist ein Gewohnheitstier und der Körper gewöhnt sich rasch an Rituale. Es ist egal, ob du täglich nach dem Aufwachen meditierst, die Minuten vor dem Schlafengehen nutzt oder nach der anstrengenden Arbeit einige Minuten für dich beanspruchen willst. Wähle einen Zeitpunkt aus, der dir angenehm ist. Später, wenn dir das Meditieren in Fleisch und Blut übergegangen ist, wirst du bemerken, dass du immer und überall für einige Minuten meditieren kannst - egal wo du dich befindest.

Finde deine perfekte Position zum Meditieren. Manche sitzen gerne im Schneidersitz oder andere im Lotussitz. Du kannst die Beine ausgestreckt haben, in der Hocke oder auf einem Stuhl sitzen. Egal ob du eine Matte als Unterlage, einen Gymnastikball oder einen Sitzsack verwendest, die Hauptsache ist, es ist für dich gemütlich.

Wenn du nun gut sitzt, dann solltest du dich ganz bewusst auf deine Körperhaltung konzentrieren. Die Körperhaltung während der Meditation sollte gleichzeitig entspannt, aber auch stabil sein. Dies ist besonders wichtig für die Atmung. Wenn du zusammengekauert dasitzt, dann fällt dir auf Dauer sicher das entspannte Atmen schwer. Achte darauf, dass du deine Wirbelsäule aufrecht hältst und die Schultern locker abfallen. Das Kinn kannst du leicht zur Brust neigen - dadurch ist der Hals gestreckt. So kannst du gut atmen und die Energie kann ungehindert fließen. Eine gute Körperhaltung ist immer ausschlaggebend für einen ungehinderten Energiefluss.

Ein weiterer wichtiger Punkt ist, dass du dich zu Beginn nicht unter Druck setzt, natürlich ist das Ziel, frei von Gedanken zu sein. Doch gerade am Anfang werden sich deine Gedanken wie ein Karussell drehen. Ärgere dich nicht darüber, lass die Gedanken laufen - irgendwann werden sie verschwinden. Je angestrengter du gegen diese Gedanken vorgehst, umso mehr Gedanken machst du dir im Endeffekt. Versuche einfach loszulassen.

Um die Gedanken zu kanalisieren und auszuschalten ist es zu Beginn auch hilfreich, dass du dir einen gedanklichen Fixpunkt, ein Wort oder ein Mantra suchst. Berühmt ist natürlich das legendäre "Ommmm", das du natürlich leicht summen kannst, um dich von allen Gedanken zu befreien. Du kannst in Gedanken aber auch einen Spaziergang unternehmen, oder an einen bestimmten Geruch oder eine bestimmte Farbe denken. Auch kann es zu Beginn hilfreich sein, wenn du deine Atemzüge zählst oder bewusst deine Atmung kontrollierst.

Nun hast du die ersten Schritte in Richtung Meditation getan. Wenn dir einige der Punkte schwer fallen, versuche trotzdem nicht aufzugeben. Lass dich auch nicht von anderen verunsichern. Und verunsichere dich auch nicht selbst, wenn du nach den ersten Meditationen noch keine Veränderung bemerken kannst. Die Veränderung wird einsetzen - ist jedoch individuell verschieden. Mit dem geduldig Sein hast du aber schon einen Schritt in die richtige Richtung gemacht.

Übe jeden Tag. Es müssen nicht mehr als 5 Minuten bis 10 Minuten sein. Wichtig ist, dass du einfach dran bleibst. Wenn dein Körper beim Meditieren immer verspannt, oder dir die Beine einschlafen, dann solltest du eine andere Sitzposition suchen. Vielleicht kannst du auch besser im Stehen meditieren. Es ist auch kein Problem, wenn du dich zum Meditieren hinlegst. Auch ist es gut, wenn du dich vor dem Meditieren ordentlich streckst und dehnst.

Viele haben ein Problem damit, mit geschlossenen Augen zu meditieren. Da ist eine Kerze hilfreich. Zünde die Kerze an und beobachte mit deinem inneren Auge das Flackern des Kerzenlichts.

Die Kurz-Meditation für Anfänger oder entspannte Momente zwischendurch

Diese Art der Meditation kannst du als Anfänger anwenden. Sie ist aber auch ideal, wenn du zwischendurch kurz dem Alltag entfliehen musst. Das kann während der Arbeit sein, oder einfach wenn das Leben gerade sehr hart ist und du einen Moment nur für dich alleine benötigst. Du merkst später auch, wenn es Zeit für eine Kurzmeditation ist. Gerade wenn du dich auf nichts mehr konzentrieren kannst, sich bei der Arbeit Fehler einschleichen oder du kurz vorm Explodieren bist, dann kommt diese kurze Meditation absolut perfekt.

Beginne augenblicklich mit der Meditation. Lass alles stehen und liegen. Das Telefon kann klingeln, und die E-Mails können noch 5 Minuten länger unbeantwortet bleiben, lehn dich in deinem Bürosessel bequem zurück, setze dich auf den Boden oder lege dich kurz hin, wenn es möglich ist. Passe es einfach den Gegebenheiten an - manchmal muss man eben auch flexibel sein.

Nun schließt du einfach deine Augen und konzentrierst dich nur auf deine Atmung. Atme bewusst, aber normal weiter. Du sollst spüren, wie der Atem deinen Körper bereichert, durch deinen Körper strömt und wieder verlässt. Spüre ganz intensiv, wie sich Bauch und Brustkorb heben und senken.

Nun solltest du fünf Mal ganz intensiv einatmen und ausatmen. Die Atemzüge sollen groß und mächtig sein. Schicke nun mit jedem Ausatmen deine negativen Gedanken mit. Stell dir vor, wie du mit jedem Ausatmen auch den Stress aus dir hinausleitest. Atme Ruhe und Entspannung ein und Hektik und Ärger aus.

Nun kannst du deine Augen wieder öffnen. Du wirst dich augenblicklich leichter und beschwingter fühlen. Deine Arbeit kannst du sofort wie gehabt fortsetzen. Bei Bedarf kannst du diese Kurzmeditation beliebig oft fortsetzen.

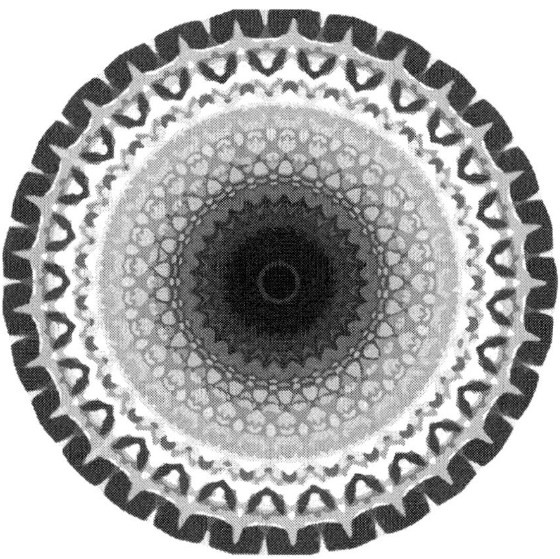

Was bewirken Meditationen in unserem Körper?

Durch Meditation wird dein Körper locker. Du kannst Stress, psychische Ängste und Störungen abbauen und dich sogar von Schuldgefühlen befreien. Meditationen wirken gut gegen Schlafstörungen, Schwierigkeiten beim Konzentrieren und wirken aufhellend bei mieser Laune. Du kannst damit sogar Störungen, wie Angstschweiß oder Stottern in den Griff bekommen. Meditationen wirken sich auch positiv auf Bluthochdruck und sogar Herzrhythmus- Störungen aus. Dein Allgemeinbefinden wird verbessert und du stimulierst damit deine Kreativität und deine Energie. Durch diese kleinen Ruhepausen, die nur dir selbst gewidmet sind, kannst du deine Produktivität auch maßgeblich steigern.

Wichtig ist, dass du dir nicht sofort zu viel erwartest. Du wirst nicht nach zwei Meditationen den Pfad der Erleuchteten wandeln können - dies ist auch nicht dein großes Ziel. Wenn du mit der Meditation beginnst, möchtest du, dass sich dein Körper lockert, sich Verspannungen lösen und du etwas zur Ruhe kommst.

Du steigerst deine Energie und deine Konzentration und mistest deine Gedanken aus. Psychischer Stress lässt sich nach einer Meditation aus einem anderen, neuen Blickwinkel viel besser verarbeiten.

Meditation für Anfänger - was heißt es meditieren zu lernen?

Bei der Meditation vereinst du drei wichtige Elemente. Du begibst dich in eine ruhige und entspannte Körperhaltung. Diese wird in der Meditation auch Asana genannt. Zusätzlich konzentrierst du dich auf dein Mantra oder darauf, nicht zu denken und zu fühlen und erfährst so absolute Entspannung. Die drei wichtigsten Elemente sind somit:

- Asana
- Konzentration
- Entspannung

Asana - die Meditationshaltung

Asana kommt aus dem Sanskrit. Sanskrit ist die religiöse Sprache in der asiatischen Kultur. Sanskrit kann im weitesten Sinne mit dem Latein der Katholiken verglichen werden. Die Meditationshaltung Asana sollte eine angenehme und wie selbstverständliche Körperhaltung sein. Diese Körperhaltung darf nicht erzwungen sein. Wenn du dich zum Meditieren begibst, sollte das Asana wie von selbst eingenommen werden. Dies ist so enorm wichtig, da dich deine Körperhaltung so nicht ablenkt. Auch wenn du denkst, du musst unbedingt im Yogi- Sitz dasitzen - nein - nimm die Position ein, die dir angenehm ist. Nur so kannst du dich auf alle weiteren Schritte konzentrieren und eben alle Gedanken und Gefühle abwerfen. Wenn du verspannt sitzt, konzentrierst du dich zu sehr auf schmerzende Muskeln und Knochen und verpasst so das Wesentliche.

Die verschiedenen Asanas

Für absolute Beginner gibt es verschiedene Positionen, die als besonders angenehm empfunden werden. Sehr beliebt ist der Drachensitz, der im Fachjargon auch Vajrasana genannte wird. Dies ist auch in Asien, nach dem Lotussitz, eine der beliebtesten Meditations-Haltungen. In dieser Position sitzt du sehr stabil und die Wirbelsäule nimmt ebenfalls automatisch eine sehr gerade Haltung ein, ohne zu schmerzen. Der Drachensitz steht in der asiatischen Kultur für eine wache und aufmerksame Haltung. Diese Position wird gerne zur Entwicklung von Willenskraft eingesetzt und wirkt gegen Verspannungen in den Beinen. Zusätzlich wirkt sich der Drachensitz auch positiv aus, wenn du Verdauungsstörungen oder Bauchschmerzen hast.

Wie du nun schon bemerken konntest, ist Meditation nicht nur eine Technik, um geistig zu entspannen. Die einzelnen Positionen und Handlungen wirken sich auf den gesamten Organismus positiv aus.

Für den Drachensitz benötigst du eine für dich angenehme Unterlage. Dies kann eine Matte, ein Teppich oder eine Decke sein. Nun kniest du dich nieder. Die Knie und die Beine sollten geschlossen sein. Nun setzt du dich auf deine Beine zurück. Der Popo wird direkt auf den Fersen platziert. Achte darauf, dass du gerade und nicht zusammengekauert sitzt. Der Rücken sollte gerade gehalten werden. So trainierst du zusätzlich deine Rückenmuskulatur. Nun lockerst du die Arme und streckst sie nicht vollständig durch. Die Hände werden mit den Handflächen nach oben auf den Oberschenkeln platziert. Die Finger liegen aneinander an, sind gestreckt, aber nicht überstreckt. Du solltest kein Ziehen in den Fingern spüren. Nun hältst du den Kopf gerade und kannst die Augen schließen.

Zu Beginn kannst du ein leichtes Ziehen in den Oberschenkeln und auch den Waden spüren. Das kommt daher, dass die Muskeln verkürzt sind, und unsere Körper nicht an diese Positionen gewohnt sind. Auch hier ist Training alles und schon nach einigen Malen hast du dich an den Drachensitz gewöhnt. Du kannst deinen Körper vor und nach der Meditation ein wenig dehnen. Du sollst ja vom Meditieren keinen Muskelkater bekommen.

Die Meditationshaltung Savasana ist auch unter dem Namen Totenhaltung bekannt. Hierbei handelt es sich um die vielleicht einfachste Meditations-Stellung. Du kannst diese toll verwenden, wenn du unter Einschlafstörungen leidest oder abends immer die Erlebnisse des gesamten Tages wieder und wieder überdenken musst.

Das Savasana ist locker und es fällt dir bestimmt besonders leicht, loszulassen. Vorsicht jedoch, dass du nicht schon vor der Meditation einschläfst. Solltest du jedoch einschlafen, so ist dies dennoch ein Zeichen für Entspannung und somit ein Erfolg.

Für das Savasana legst du dich auf den Rücken. Die Beine sollten geschlossen sein und sich an den Fersen berühren. Nun lässt du ganz sanft deine Füße nach außen kippen. Es sollte ein V beschrieben werden. Die Arme liegen bei dieser Meditationsstellung leicht angewinkelt neben dem Körper und die Handflächen zeigen zum Boden. Nun kannst du die Augen schließen und mit der Meditation beginnen.

Falls du ein Ziehen in den Schultern spürst, kannst du die Handflächen auch nach oben drehen und zusätzlich ein Kissen unter deinen Kopf legen. Wichtig ist, dass du es gemütlich hast und nichts deine Meditation stört.

Die Meditationshaltung Siddhasana ist auch eine beliebte Meditationsstellung, sowohl für Anfänger als auch "Profis". Du kannst in dieser Position später bequem sehr lange verharren. Für den Anfang kann es hilfreich sein, wenn du dir ein Kissen unter den Popo schiebst. Dadurch fällt es dir leichter, den Rücken wirklich aufrecht zu halten.

Für die Position Siddhasana setzt du dich auf den Boden. Wenn du möchtest eben zusätzlich auf ein oben erwähntes Kissen. Die Fersen ziehst du nun so weit als möglich zum Becken an und lässt die Knie nach außen fallen. Die Knie sollten den Boden so weit als nur möglich berühren. Nun streckst du die Hände leicht angewinkelt aus und lässt die Handrücken auf den Knien liegen. Die Handflächen zeigen leicht schräg nach oben.

Meditation für Anfänger - die Asanas üben

Du musst dich natürlich langsam an die für dich ungewohnten Positionen gewöhnen. Dazu solltest du zuerst die für dich perfekte Position herausfinden. Versuche nun in den unterschiedlichen Asanas so lange als möglich zu sitzen. Probiere nun, dass du so lange als möglich in diesen Positionen verharrst. Das Wichtigste daran ist, dass du wirklich unbewegt sitzt. Beim Meditieren gibt es kein Herumzappeln. Dies ist als Schritt für den Anfang schon Aufgabe genug. Versuche nun diese Position immer länger zu halten. Das Ziehen und Dehnen wird von Mal zu Mal weniger. Du wirst sehen, schon nach einigen Versuchen ist auch die noch so befremdliche Stellung für dich eine absolut entspannende Position.

Die Sache mit der Konzentration

Damit du dich auf die Meditation konzentrieren kannst, wirst du zu Beginn ein Objekt benötigen. Doch auch bei erfahrenen Profis werden immer Meditationsobjekte verwendet. Im Buddhismus zum Beispiel gibt es rund 40 unterschiedliche Meditations-Objekte. Dabei kann es sich um ein Mantra, bunte Scheiben, einzelne Körperteile oder den Atem handeln. Dieses Objekt ist wichtig, damit du dich darauf konzentrieren kannst und nicht von der Meditation selbst abschweifst.

Die Mantram- Meditation als Meditations-Objekt

Als sogenanntes Mantra suchst du dir nun ein Wort, das du immer wieder aussprichst. Du kannst dein gewähltes Mantra im Geist wiederholen, vor dich hin murmeln oder auch laut aussprechen. Durch das ständige Wiederholen verhinderst du, dass deine Gedanken abschweifen. Du kannst das Wort Liebe, Licht, einen Namen oder ein beliebiges Geräusch verwenden. Es kann ein Summen oder ein beliebiger Laut sein. Deiner Fantasie sind hier keine Grenzen gesetzt. Schäme dich auch nicht, dieses Mantra laut auszusprechen.

Am besten eignen sich jedoch Laute, die an und für sich sinnfrei sind. Das ist so zu erklären, dass bedeutungslose Worte dich nicht zusätzlich ablenken und deine Gedanken auf eine Reise schicken. Ziel der Meditation ist es doch, den Geist und die Gedanken zu säubern und zu leeren. Während des Meditierens zählt einzig und alleine die Meditation. Andere Gedanken sind nicht erlaubt.

Neben Oom, Aam, Shaam, Soham und Ram wird auch gerne der Mantra Satz Om mani padme ham verwendet. Sei kreativ und finde das Mantra, das dir am besten liegt. Es kann auch wirklich ein reales Wort sein, Hauptsache du kannst dich damit ganz auf die Meditation einlassen. Gut passend sind stets weiche Worte mit den Vokalen, a, o und u. Diese wirken beruhigend und sanft. Dein ausgewähltes Mantra ist nun auch dein persönlicher Schatz. Auch wenn du während des Tages besonders hektisch, verärgert oder aufgeregt bist, kannst du das Mantra einige Male wiederholen, laut oder in Gedanken, und es wird dir sofort besser gehen.

Der Atem als Meditations-Objekt

Wichtig ist, dass du unbeeinflusst und natürlich atmest. Atme über die Nase ein. Du spürst den Atem oberhalb deiner Lippe in die Nasenlöcher eintreten. Konzentriere dich auf dieses Gefühl. Nun stell dir den Weg des Atems vor, wie er über die Luftröhre in deine Lungen gerät und deinen gesamten Körper mit Sauerstoff versorgt. Du spürst wie dein Brustkorb weiter wird und sich deine Bauchdecke hebt. Beim Ausatmen senkt sich der Bauch und der Brustkorb wird enger. Du spürst nun, wie du durch Nase oder Mund wieder ausatmest. Indem du deinen Atem achtsam verfolgst, machst du ihn zu einem tollen Meditations-Objekt. Der Atem hilft dir dabei, dass deine Gedanken nicht abschweifen. Wenn du bemerkst, dass deine Gedanken abschweifen, ärgere dich nicht, sondern kehre einfach wieder dazu zurück, den Weg deines Atems zu beobachten.

Ziele für die Meditation festlegen

Es ist wichtig, dass du dir ein klares Ziel festlegst. Dieses Ziel ist zeitlich zu begrenzen. Das bedeutet, zu Beginn solltest du versuchen, für 5 Minuten zu meditieren, und diese Zeit von Mal zu Mal steigern. Versuche auch wirklich, dass du deine Meditation nicht frühzeitig abbrichst. Auch bei der Meditation geht es ums Durchhalten und um die Selbstmotivation. Du wirst viel mehr Freude und dadurch auch einen größeren Erfolg erzielen, wenn du die von dir zuvor festgelegte Zeit einhältst.

Nimm dir also vor, dass du in einer gewissen Position mit deinem ausgewählten Mantra oder Objekt wirklich reglos sitzen bleibst und dich von nichts ablenken lässt. Du kannst diese Ziel auch immer als Satz formuliert laut aussprechen.

Wir beginnen mit der Meditation

Gut vorbereitet begibst du dich nun an deinen beliebtesten Meditationsplatz. Natürlich in bequemer Kleidung. Du stellst dir nun den Timer auf die von dir ausgewählte Zeit ein. Nichts ist lästiger, als ständig an die Uhr denken zu müssen, darum ist ein Timer absolut empfehlenswert. Begib dich nun in dein bevorzugtes Asana. Konzentriere dich nun auf deinen Atem oder sage dir dein Mantra für etwa eine Minute laut vor. Kehre dann dazu über, dass du das Mantra nur mehr in Gedanken wiederholst. Versuche, nicht vom Mantra oder vom Atmen abzuschweifen. Sobald du bemerkst, dass sich deine Gedanken in eine andere Richtung bewegen, kehre zum Mantra zurück. Versuche nun von Mal zu Mal, die Zeit der Meditation zu erweitern. Unternimm dies in kleinen Schritten und setze dich nicht selbst unter Druck. Die Meditation soll Spaß machen und dir gut tun und nicht zusätzlich für Belastung sorgen.

Meditation zum Abwerfen von Ballast

Du kannst die Meditation auch konkret dazu verwenden, dich von ärgerlichen Gedanken zu befreien. Dazu nimmst du dein Asana ein, konzentrierst dich auf dein Mantra oder deinen Atem. Doch anstatt später nur nichts zu denken, lenkst du deine Gedanken nun bewusst in eine Richtung.

Du kannst dir nun alle deine negativen Gedanken, deine Ängste und Sorgen bildlich vorstellen. Packe diese Elemente, ziehe sie aus dir heraus und je nach eigener Fantasie kannst du sie virtuell in einen Koffer stecken, den Koffer verschließen, versperren und anschließend vergraben. Begib dich auf eine gedankliche Reise, bei der du dich von allem befreist, das dich belastet.

Umgekehrt kannst du dich während der Meditation auch an einen besonders schönen Ort begeben. Hier kannst du dir alles vorstellen, das du dir wünschst. Du solltest dich selbst vor deinem geistigen Auge sehen. Wie du zum Beispiel froh und glücklich an einem Bach sitzt, oder lauthals lachst. Stell dir Situationen vor, die du gerne erleben möchtest und spiel deinen eigenen Film in deiner eigenen kleinen Welt ab. Du wirst sehen, du kehrst glücklich und entspannt aus der Meditation zurück.

Wie du die Meditation beendest

Du solltest eine Meditation nie abrupt beendet. Wenn dein Timer das Signal gegeben hat, oder du das Gefühl hast, dass die Meditation zu beenden ist, sprichst du in Gedanken oder auch laut folgenden Satz aus: "Ich höre jetzt mit der Meditation auf und kehre in den gewohnten Alltag zurück."

Öffne nun die Augen und freue dich darauf, dass du dich augenblicklich erholt, frisch und energiegeladen fühlen wirst. Nachdem du die Augen geöffnet hast, solltest du alle Muskeln im Körper so gut es geht anspannen. Wichtig ist, dass du auch die Gesichtsmuskeln anspannst. Durch diese Handlung weckst du dich quasi selbst wieder auf und aktivierst deinen Kreislauf und die Lebensgeister. Lass nun die Muskeln wieder locker und spüre, wie dein Körper mit Energie gefüllt ist.

Achtsamkeit - was hat es mit dem Achtsamkeitstraining auf sich?

Sobald du über Meditation liest, kommt auch der Begriff Achtsamkeit vor. Doch was ist das überhaupt und wie und warum solltest du das trainieren? In diesem Kapitel werden wir auf dieses nicht unwichtige Thema intensiv eingehen. Achtsamkeit wird als Schlüssel für die eigene Entwicklung gesehen. Wir erklären dir, wie du deine Achtsamkeit erlernst, damit umgehst und steigern kannst.

Achtsamkeit bedeutet mehr, als nur etwas zu bemerken, sondern bewusst darauf acht zu geben. Viele leben nur automatisch in einer Routine und bemerken nicht die blühenden Blumen, den strahlenden Sonnenschein, den blauen Himmel oder den traurigen Freund, dem man gerade "Hallo" gesagt hat. Es ist traurig, die Achtsamkeit nimmt ab, nicht nur der Umwelt gegenüber, sondern auch sich selbst. Die Menschen hören nicht mehr darauf, was der Körper oder die Seele zu sagen hat. Erst wenn es schon beinahe zu spät ist, wird die Notbremse gezogen.

Achtsamkeit beschreibt also die gegenwärtige Wahrnehmung. Stell dir die Frage, worauf du im täglichen Leben wirklich achtest. Es ist wichtig, dass du hierbei ehrlich zu dir selbst bist, nur so kannst du aus dem Tunnel ausbrechen, in dem du dich, wie viele andere bestimmt befindest. Dadurch, dass du bewusst auf deine Umwelt achtest, brichst du aus einer Routine aus und nimmst die Welt, die Gefühle und deine Mitmenschen mit allen Facetten wahr.

Achtsamkeit hat mit dem aktiven und bewussten Hören und Sehen, dem Erleben, dem Schmecken, dem Fühlen und dem Zulassen zu tun. Spüre, wie sich die Welt anfühlt und rieche bewusst, wie die Natur nach einem Regen riecht. Mit Achtsamkeit durchs Leben zu gehen, macht es bunt und erlebenswert.

Wie kann ich Achtsamkeit trainieren?

Das Wichtigste ist, dass du aus deiner Routine ausbrichst. Egal was du bis jetzt gemacht hast, versuche es auf eine kleine Art anders zu machen. Beginne ruhig mit kleinen Dingen im Alltag. Wenn du dein Glas immer mit der rechten Hand zum Mund geführt hast, verwende nun bewusst die linke Hand. Schließe die Augen und gehe blind durch deine Wohnung. Stell dir in Gedanken vor, welche Gegenstände sich wo befinden. Geh auf die Straße und lächle bewusst Menschen an oder begrüße sie laut. Wünsche ihnen einen guten Morgen oder frag sie ernsthaft interessiert nach ihrem Befinden.

Starte etwas Neues in deinem Leben. Probiere neue Gewürze aus. Erfahre, wie scharf Chili ist oder iss ein Gericht, das du noch nie zuvor gegessen hast. Versuche einen anderen Weg zur Arbeit zu gehen, kauf in einem anderen Supermarkt ein und sammle Erfahrungen zu deinen neuen Handlungen.

Wichtig ist, dass du Spaß daran hast, etwas anders zu machen. Lass dich auch von verwunderten Blicken oder Worten nicht stören. So lernst du, wie schön und wichtig es ist, mit Achtsamkeit durchs Leben zu gehen.

Ebenfalls zum Achtsamkeitstraining zählen Konzentrationsübungen. Diese kannst du auch ganz einfach in deinen Alltag einbringen. Du kannst zum Beispiel ein Fenster putzen, bis es makellos sauber ist. Kein einziger Streifen soll zu sehen sein und das Fenster soll wie neu aussehen. Dabei musst du darauf achten, dass dir die Tätigkeit Spaß macht und du dich ausschließlich auf diese Tätigkeit konzentrierst. Zum Achtsamkeitstraining zählt auch die Tatsache, dass du immer eine Sache beginnst und abschließt, bevor du zum nächsten Projekt übergehst. Somit achtest und schätzt du jede einzelne Handlung und schenkst ihr die Aufmerksamkeit, die sie sich verdient hat.

Achtsamkeit und Bewusstheit

Versuche alles bewusst zu machen. Gehe auf Zehenspitzen durch die Wohnung. Laufe barfuß über eine Wiese oder stelle dich unter eine kalte Dusche. Iss dein Essen ganz bewusst und schmecke jede einzelne Zutat heraus. Überlege, woraus die Suppe oder die Sauce gemacht wurde.

Interessiere dich für deine Mitmenschen. Frag nach den Hobbies deiner Arbeitskollegin oder beginne damit, sämtliche deiner Bekannten bewusst mit Namen anzusprechen. Ein "Hallo Rosie" ist persönlicher, als ein gemurmeltes "Hallo" und du wirst erstaunt über die Auswirkungen sein.

Es gehört auch zur Achtsamkeit, dass du lernst zuzuhören und nicht nur selbst zu sprechen. Im Gegenzug solltest du dich dafür bedanken, wenn dir jemand genauso aufmerksam zugehört hat. Aufmerksame Kommunikation hat viel mit Achtsamkeit und Bewusstheit zu tun.

Was hat Achtsamkeit mit Meditation zu tun?

Wenn du achtsam bist, fällt dir die Meditation bedeutend leichter. Du kannst dich einfacher auf das "Nicht-denken" konzentrieren und dich rein auf das Meditieren fokussieren. Zudem fällt es dir leichter, neue Meditations-Methoden zu erlernen. Für eine erfolgreiche Meditation benötigst du Konzentration, Aufmerksamkeit, musst gegenwärtig sein und solltest fähig sein, dich zu entspannen. All diese Punkte trainierst du auch, wenn du erlernst, wirklich achtsam zu sein.

Wie wirkt sich das Achtsamkeits-Training aus?

Der wichtigste Punkt beim Achtsamkeitstraining ist, dass du die Welt und die Mitmenschen besser wahrnimmst. Du findest somit zu dir selbst und förderst deine Wahrnehmung. Gleichzeitig aber arbeitest du auch daran, wie dich andere Menschen wahrnehmen. Dadurch werden dein Denken, dein Handeln und dein Erleben beeinflusst. Negative Gedanken und Momente verschwinden und du lernst die Wirkung der positiven Gedanken kennen.

Zudem ist es wichtig, aus der Routine auszubrechen. Routine bedeutet Langweile und Langeweile bedeutet, mit der Zeit unzufrieden zu werden. Durch das Achtsamkeitstraining entwickelst du eine innere Ruhe, die sich in der Meditation positiv bemerkbar macht.

Mudras - die Handhaltungen während einer Meditation

Es ist wichtig, dass du das Meditieren langsam angehst. Du musst nicht von heute auf morgen alles erlernen. Nachdem du nun mit deinen Asanas und Mantras gelernt hast umzugehen, kannst du dich zusätzlich auf die Mudras, die Haltung der Hände beim Meditieren konzentrieren.

Mudras können dir zusätzlich helfen, damit du dich besser konzentrieren kannst. Mudras schaffen zudem eine harmonische Balance zwischen Entspannung und Anspannung, während du reglos beim Meditieren sitzt. Mudra kommt aus dem Sanskrit und bedeutet Siegel. Damit wird eine symbolische Geste beschrieben. Darunter kannst du dir zum Beispiel den thailändischen Wai zur Begrüßung oder die indische Geste zum Namaste vorstellen. Es wird in der asiatischen Kultur auch als Geste angesehen, die man ausführt um den Göttern zu gefallen.

Wenn du dich nun in ein Asana begibst, solltest du auch gleichzeitig ein Mudra einnehmen. Jedes Mudra hat eine unterschiedliche Wirkung und Bedeutung. Mudras werden stets in einer gewissen Spannung gehalten. In der Meditation spricht man hier von einer sogenannten Wohlspannung.

Um ein Mudra zu halten, musst du nun die richtige Balance zwischen Anspannung und Entspannung finden. Wenn du zu wenig Kraft aufbringst, kannst du das Mudra nicht halten. Bringst du jedoch zuviel Kraft auf, so verkrampfst du, was ebenfalls nicht erwünscht ist. Mit etwas Übung werden aber auch die Mudras und die dafür benötigte Kraft ganz automatisch in dein Ritual übergehen.

Das Mudra Jnana

Das Jnana Mudra ist ein sogenanntes universelles Mudra, welches in jeder Meditations-Position eingenommen werden kann. Um diesen Mudra einzunehmen, verbindest du die Spitzen deiner Daumen mit den Spitzen deiner Zeigefinger. Die restlichen Finger streckst du aus und legst sie eng aneinander an. Daumen und Zeigefinger bilden einen Kreis wie beim Okay- Zeichen. Mit dem Jnana Mudra spürst du gut, wie die eigene Energie in deinem Körper zirkuliert.

Das Mudra "die offene Hand"

Für das Mudra "die offene Hand" streckst du die Finger und Daumen gerade aus und legst sie eng aneinander. Die Finger und Daumen bilden eine gerade Verlängerung der Unterarme. Besser ist es, die Handflächen beim Meditieren nach oben zu drehen, Du kannst sie aber auch nach unten drehen. Nach oben gedrehte Handflächen sind auch immer ein Zeichen für deine Bereitschaft zu empfangen und dich zu öffnen. Die Hände kannst du auf die Oberschenkel auflegen.

Das Mudra Dhyana - der Kelch

Für diese Mudra legst du die rechte Hand in die linke Hand. Wenn es für dich angenehmer ist, kannst du es auch umgekehrt machen. Die Handflächen beider Hände zeigen nach oben und die Daumen sind an der Oberseite. Die beiden Daumenspitzen berühren sich. So entsteht eine Schale oder ein Kelch. Du kannst dieses Mudra auf deinen Oberschenkeln ablegen oder auch in der Höhe, etwa 10 cm über den Schenkeln schweben lassen. Dieses Mudra ist ein Symbol zum Sammeln der Kräfte.

Um dein perfekte Mudra zu finden, musst du nur etwas experimentieren. Oft sagt dir dein Unterbewusstsein, welches Mudra für welche Situation passend ist. Auch hier wirst du feststellen, dass es zu Beginn gar nicht so einfach ist, ein Mudra zu halten. Sei geduldig mit dir selbst, aber auch beharrlich. denn nur wenn du es versuchst und dich zum Durchhalten motivierst, gewöhnst du dich an diese Handhaltungen.

Anleitung für die Atemtechnik

Vielleicht wunderst du dich jetzt, warum du zum Meditieren eine spezielle Atmung benötigst. Ja, das Meditieren funktioniert am besten mit der Bauchatmung. Nachdem das Atmen etwas Selbstverständliches ist, nehmen es die meisten gar nicht wahr und atmen dementsprechend auch nicht richtig. Durch falsche Atmung entstehen oft Probleme wie Seitenstechen, Zwicken im Zwerchfell oder Kurzatmigkeit.

Durch eine richtige und lockere Bauchatmung können viele Verspannungen im Körper gelöst werden. Babys zum Beispiel atmen ganz automatisch in der Bauchatmung. Du hast sicher schon bemerkt, dass du in unterschiedlichen Situationen anders atmest. Wenn du dich freust oder erleichtert bist, atmest du tief und befreit. Wenn du Angst hast, kommt es zu einem schnellen Hecheln und bei Ärger spannen sich deine Muskeln an und du atmest gepresst.

Nicht nur in der Meditation, auch beim Singen, beim Sport, bei Yoga, Tai Chi und Kampfsport spielt die Atmung eine übergeordnete Rolle. Mit der richtigen Atemtechnik kannst du deine Erfolge, deine Leistungen und auch dein Wohlbefinden steuern und somit mit entscheiden. Mit der richtigen Atmung kannst du auch negative Emotionen, Ängste, Stress und Nervosität bekämpfen.

Du kannst eine lockere Bauchatmung nur dann ausführen, wenn du dich aufrecht hältst. Egal ob du sitzt, stehst oder liegst, die Wirbelsäule muss hierfür immer gerade sein. Sobald du zusammengekauert sitzt, klemmst du dir den unteren Teil des Bauches ab und kannst natürlich nicht mehr entspannt in den Bauch hinein atmen. Du kannst ganz simpel den Selbstversuch starten und das tiefe Atmen in den Bauch hinein in unterschiedlichen Positionen versuchen. Mit einer entspannten und guten Atmung ist somit auch immer eine gute Haltung verbunden.

Simple Übung für die Bauchatmung

Starte damit, dass du dich aufrecht hinsetzt und auch den Rücken, Nacken, Hals und Kopf gerade hältst. Die Schultern sollen sehr locker hängen. Nun schließt du die Augen und legst die Hände auf deinen Bauch. Du kannst nun spüren, wie sich die Bauchdecke beim Einatmen und Ausatmen immer bewegt. Versuche nun besonders langsam und tief in Deinen Bauch hineinzuatmen. Du solltest dabei aber immer alles locker lassen, und nicht mit Gewalt oder Druck versuchen, in den Bauch zu atmen. Achte darauf, dass du einen natürlichen Rhythmus einnimmst und nicht das Atmen beherrschst. Der gesamte Bauchbereich soll sich beim Atmen bewegen. Nicht nur der Oberbauch, sondern auch der Unterbauch bis hin zu den Genitalien soll sich dabei mit der Zeit heben und senken. Nimm dir für diese Bauchübung so oft als möglich Zeit. Atme 10 Minuten lang ganz bewusst mit geschlossenen Augen und spüre, wie gut dir diese kleine Atem-Meditation tut.

Später kannst du unterschiedliche Szenarien durchspielen, die ebenfalls die Meditation mit einer perfekten Atmung verbinden. Stell dir vor, wie du ein helles Licht des Glücks einatmest. Spüre, wie das Licht durch deinen Körper fährt und dort alles Negative aufsammelt und absorbiert. Atme nun alles Negative wieder mit aus.

Wenn dein Bauch sehr verspannt ist, kannst du ihn mit einer sanften Pressatmung wieder auflockern. Atme sehr tief aber sanft ein - dein Bauch soll sich dabei sehr stark nach außen wölben. Diese Pressatmung führst du so lange durch, bis sich dein Bauch und somit auch deine Stimmung lockert. Meist ist ein angespannter harter Bauch auch ein sicheres Indiz für negative Emotionen.

Zusätzlich zur Atmung tief in deinen Bauch hinein kannst du nun auch deine Mantras wiederholen. Hierbei spricht man über positive Affirmationen. Du kannst dir zum Beispiel "Ich bin stark", "Ich bin mutig" oder "Ich bin ruhig" als Mantra auswählen. Wichtig ist, dass du diese Mantras immer positiv formulieren solltest.

Du kannst die Bauchatmung eigentlich immer und überall durchführen, da sie kaum zu bemerken ist. Egal ob auf dem Weg zur Arbeit oder im Büro, mit einer besseren Atmung wirst du dich, egal wo, im Nu besser fühlen. Wenn du deinen Fortschritt beim Entspannen kontrollieren willst, wähle einen besonders hektischen Ort aus und versuche dort, eine entspannte Bauchatmung durchzuführen.

Die Atem- Meditation

Eine Atem- Meditation ist besonders für Anfänger gut geeignet und entspannt Körper, Geist und Seele. Wenn du zum Beispiel konkret Probleme mit dem Loslassen hast, dann ist eine Atem-Meditation für dich mehr als perfekt. Auch Ärger und Aufregung lassen sich mit dieser simplen Technik einfach wegatmen.

Konzentriere dich bei diese Übung komplett auf deine Bauchdecke. Fühle dich hinein und spüre sie ganz intensiv. Dein Bauch ist bei dieser Meditation das Objekt. Stell dir dabei vor, deine Bauchdecke ist das Meer und die Bewegungen sind die sanften Wellen des Ozeans. Mit dieser Übung wird die Atmung ganz langsam und du signalisierst deinem Körper damit, dass alles in Ordnung ist.

Atme nun tief aus, damit sich dein Bauch tief nach innen wölbt. Atme erst wieder ein, wenn dein Körper einen natürlichen Atemreflex absondert. Nun soll sich beim Einatmen der Bauch wieder stark nach außen wölben. Halte die Atemmuskulatur ganz kurz an, lasse sie los und atme wieder aus. Nun wölbt sich der Bauch wieder nach innen und die Wellen des Meeres entstehen. Diese Bewegung soll sich nun automatisieren. Du konzentrierst dich zwar auf deinen Bauch, am besten auf eine Stelle rund um den Nabel, die Atmung soll jedoch willkürlich sein. Diese Übung wird auch die Übung der Wellen des stillen Meeres genannt.

Wie oft und wie lange sollte man meditieren?

Das Meditieren klappt nicht auf Anhieb und du benötigst einiges an Übung, damit du die vollständige Wirkung der Meditation verspüren kannst. Demnach ist es sinnvoll, nicht nur sporadisch alle 3 Monate zu meditieren. Um den Körper, den Geist und die Seele darauf einzustellen, solltest du wirklich regelmäßig meditieren.

Zu Beginn solltest du immer 20 Minuten pro Meditation einplanen, denn du brauchst etwas, um dein Asana und dein Mudra und das richtige Objekt zu finden. Für kurze Meditationen zwischendurch reichen 5 bis 10 Minuten. Diese wendest du an, um in bestimmten Stress-Situationen herunter zu kommen oder kurzfristige Ängste zu bewältigen.

Wenn du schon etwas geübter im Meditieren bist, dann ist eine Stunde ein guter Richtwert, den du für eine Meditation einplanen kannst. Du kannst täglich meditieren und es zu einem fixen Ritual und Bestandteil deines Tagesablaufes werden lassen. Wenn du nicht viel Zeit hast, solltest du an diesem Tag zumindest eine kurze Meditation durchführen. Besser wenig und kurz als gar nicht, ist auch hier die Devise.

Wundere dich nicht, wenn du nach einiger Zeit und regelmäßigen Meditationen plötzlich auch weniger Schlaf benötigst. Durch das Meditieren entspannt der Körper bereits ausreichend und benötigt dadurch eine wesentlich kürzere Tiefschlafphase.

Obwohl du weniger lange schläfst, wirst du dich dennoch viel fitter fühlen.

Was ist ein Meditations- Tagebuch?

Bei einem Meditations- Tagebuch handelt es sich, wie der Name vermuten lässt, um sehr persönliche Aufzeichnungen. Das Führen eines Tagebuches ist nicht nur hilfreich, sondern auch spannend und du nimmst es immer wieder gerne zur Hand. Wenn du also planst, ein Meditations- Tagebuch zu führen, solltest du dazu auch wirklich ein schön gebundenes Buch verwenden und deine Notizen nicht nur halbherzig auf einem Schmierzettel verfassen.

In diesem Tagebuch geht es darum, deine Erlebnisse, Empfindungen, Fortschritte und eventuell auch Rückschläge zu notieren. Durch das Aufschreiben und spätere Nachlesen erfährst du viel mehr über dich persönlich und kannst bestimmte Situationen rückwirkend besser aufschlüsseln.

Indem du immer notierst, wie und wo genau du meditiert hast, und welche Erfahrungen du in den einzelnen Situationen sammeln konntest, kannst du dir hieraus eine relativ genaue Statistik gestalten, welche Methoden, welche Uhrzeiten, Umgebungen, Gerüche und Stimulanzien bei dir am besten funktionieren. Du findest heraus, in welchen Situationen du besonders gut entspannen kannst, und welche Themen und Gedanken dich immer wieder vom Meditieren abschweifen lassen. So kannst du direkt an diesen Problemen arbeiten.

Auch ist es spannend, außergewöhnliche Erlebnisse festzuhalten und später nachzulesen. Hier findest du wichtige oder sinnvolle Daten, die du in deinem persönlichen Tagebuch notieren kannst.

Datum und Uhrzeit, welche Art der Meditation, welches Asana, welches Mudra, Ort und Temperatur, Gefühlslage und Wohlbefinden, dein persönliches Ziel, Befinden vor der Meditation, Befinden nach der Meditation, Verlauf der Meditation, wie oft bist du abgeschweift, wie oft hast du unterbrochen, Dauer der Meditation, Erlebnisse und Gefühle während der Meditation, was hat die Meditation bewirkt, was kann ich besser machen und vieles mehr.

Du kannst das Tagebuch deiner Meditationen natürlich auch auf dem Computer in einer verschlüsselten Datei führen. Egal welche Methode du wählst, es ist gerade am Beginn wichtig, Aufzeichnungen zu führen. Damit du den Erfolg gut auswerten kannst, sollte das Tagebuch über mehrere Monate hinweg konsequent geführt werden.

Die neun goldenen Regeln für eine tiefe Meditation

Bei den goldenen Regeln der Meditation handelt es sich um Gewohnheiten und um ein Verhalten, welches du beim Meditieren verinnerlichen solltest. Dadurch wird nicht nur die Qualität deiner Meditation verbessert, auch dein gesamtes Lebensgefühl wird aufgewertet.

Denk aber immer daran, egal wie viel du über Meditation lernst und liest, sie spiegelt immer nur dich und deine eigenen Gefühle und Stimmungen wider. Meditation ist also immer in gewisser Weise sehr individuell und persönlich. Verzweifle nicht, wenn manche Dinge nicht so wie beschrieben eintreffen oder du bestimmte Situationen anders erlebst.

Die erste Regel ist Reflektion. Das bedeutet, dass sich deine Meditationen immer auch an deinem allgemeinen Erscheinungsbild orientieren werden. Achte darauf, dass du im Gesamten harmonischer wirst. Es bringt wenig, wenn du für Ruhe und Ordnung meditierst, dein Zuhause jedoch im Chaos versinkt. Sei auch zu dir selbst gut. Achte auf dein Äußeres und eine gepflegte Erscheinung. Die Seele spiegelt oft die Optik wieder und umgekehrt. Du kannst immer nur an beiden Baustellen gleichzeitig arbeiten, da eine von der anderen abhängig ist.

Lerne, deine Sinne zu beherrschen und zu bedienen. Spiele mit den unterschiedlichsten Methoden der Meditation. Wechsle dich ab und fahre dich nicht nur auf eine Mantra- Meditation oder eine Atem-Meditation ein. Es gibt so viele Möglichkeiten, während der

Meditation die Sinne zu stimulieren. Räucherstäbchen und Duftkerzen, Öle, unterschiedliche Beleuchtung und Meditationen mit visuellen Geschichten sorgen für Abwechslung. So hältst du deine Sinne auf Trab.

Stärke deinen Willen und besiege den inneren Schweinehund. Ja, es ist nicht nur beim Sport wichtig, dass du dich immer wieder selbst motivierst, auch bei der Meditation solltest du über deinen eigenen Schatten springen und eine kurze Meditation durchführen, auch wenn du im Augenblick so gar keine Lust dazu hast.

Lass dir deine Abschweifungen und Unterbrechungen nicht durchgehen. Sobald du merkst, dass du immer wieder in Tagträume verfällst und von der Meditation wegdriftest, beginne von neuem. Stehe kurz auf, schüttle dich durch und begib dich wieder in Position.

Wenn du ständig zappelst und nicht ruhig sitzen kannst, leg dir ein dickes Telefonbuch auf den Kopf und versuche so, so lange als möglich gerade und ruhig sitzen zu bleiben.

Werde locker und lasse es zu, dass du entspannst. Du sollst nicht nur geistig, sondern auch körperlich entspannt sein. Dehnungsübungen, ein kurzer Spaziergang, ein heißes Bad oder einige Turnübungen helfen vor der Meditation, damit du körperlich und geistig absolut relaxt bist. Autogenes Training ist ebenfalls ein spannender Punkt, wie du deine geistige Anspannung schnell lösen kannst.

Motiviere dich und feiere deine Erfolge. Freue dich, wenn du immer länger in einer Position sitzen kannst. Belohne dich dafür mit einer schönen Massage oder einem Ausflug. Überlege dir, wie viel du in der Zwischenzeit mit der Meditation schon geschafft hast und wie weit sich deine Lebensqualität verbessert hat. Überlege, was du aufgeben würdest, wenn du keine Meditationen mehr machen würdest. Überlege dir, ob und warum du die Meditationen vermissen würdest.

Lerne gleichmütig zu sein und Dinge so zu lassen, wie sie sind. Akzeptiere, dass sich manche Situationen nicht ändern lassen und hadere nicht mit deinem Schicksal. So lernst du, dass du dich auch von stressigen Situationen distanzieren kannst. Aus der Ferne betrachtet, sieht alles nur mehr halb so wild aus. Sei glücklich mit dem was du hast, vermeide Neid und lerne gönnen zu können. Gleichmut zu üben bedeutet nicht, dass dir alles egal sein soll. Es heißt lediglich, dass du das Leben lieber annehmen und genießen möchtest so wie es ist, anstatt dich zu ärgern oder daran zu zerbrechen.

Fördere dein ästhetisches Empfinden. Du wirst dich wundern, warum dies mit Meditation zu tun hat? Dadurch unterstreichst du alles Schöne in der Welt. Lerne gute Musik zu hören, genieße ein feines Essen, lies ein spannendes Buch, versuche Gedichte zu schreiben oder interessiere dich für Malerei. Auch Gespräche können ästhetischer geführt werden. Achte darauf, dass du einen gepflegten und guten Umgangston führst.

Sei liebevoll zu deinen Mitmenschen. Natürlich kann und muss man nicht jeden mögen und auch nicht von allen gemocht werden. Es ist jedoch wichtig, allem und jedem respektvoll gegenüber zu treten. Achte darauf, dass du ein liebenswerter Mensch bist, egal wie andere Leute auf dich reagieren. Versuche, weniger zu lästern und übe dich im Miteinander. Sei hilfsbereit und aufmerksam. Höre den Leuten in deiner Umgebung zu und ignoriere nicht die Probleme der anderen.

Mach dir diese Regeln zur Gewohnheit und mach dir auch das Meditieren selbst zur Gewohnheit. Dadurch schärfst du deine Sinne und stärkst deine Psyche. Du wirst bemerken, dass du immer besser auch mit schwierigen Situationen und auch mit schwierigen Menschen umgehen kannst.

Was ist Autosuggestion?

Autosuggestion ist die Selbstbeeinflussung. Damit kannst du dein Unterbewusstsein trainieren und diese optimal als Einstieg in eine Meditation verwenden. Mit der sogenannten Countdown Methode erreichst du mit etwas Übung ziemlich rasch eine tiefe Ebene der Meditation. Umgekehrt kannst du auch aus der Meditation mit dieser Methode wieder aussteigen.

Dazu begibst du dich in deine gewünschte Meditations-Position. Nun zählst du langsam von 10 bis 1 rückwärts und sprichst zu jeder Zahl eine Affirmation aus. Damit beruhigst du dich ziemlich rasch und versenkst deine Psyche. Als Affirmation kannst du Sätze wie "Ich bin entspannt, ich bin ruhig, ich sinke tiefer und tiefer" oder ähnliches verwenden.

Auch visuell gibt es hier eine gute Möglichkeit, um dies zu unterstützen. Du kannst dir vorstellen, wie du mit einem Fahrstuhl vom 10. Stock in den 1. Stock langsam hinunter fährst. Bist du im ersten Stock angelangt, so stellst du dir vor, wie du nun eine völlig entspannte Ebene der Meditation betrittst. Mit dieser Methode kannst du auch gut das Thema Traum und Traumerinnerung beginnen. Dazu meditierst du abends im Bett und sprichst dir Affirmationen vor, die deine Wünsche bezüglich der Träume betreffen. So kannst du dich sowohl gut von immer wiederkehrenden Albträumen befreien, oder dich auch später gut an deine Träume erinnern.

Verbessere deine Einstellung zur Meditation

Mache deine Meditationen nicht alleine von der Technik abhängig. Du kannst die besten Bücher gelesen und die teuersten Kurse besucht haben, wenn deine innere Einstellung nicht passt, dann wird es auch mit einer tiefen und entspannten Meditation nur schwierig klappen.

Du solltest Meditation als eine sehr wache, aktive und innere Tätigkeit ansehen, die Dir den Zugang zu Dir selbst öffnet und mit Hilfe derer du deine eigene Kreativität aktivieren kannst. Bei der Meditation wird ganz klar der Verstand von der Gefühlswelt getrennt. Rationales Denken hat in der Meditation nichts verloren.

Auch wenn du das Meditieren nicht als spirituelle Tätigkeit ansiehst, so hilft Sie dir, Stress abzubauen. Du musst dich nur darauf einlassen. Um deine Fähigkeiten in der Meditation zu verbessern, musst du nicht nur immer weiter üben, du sollst dazu auch immer neue Wege ausprobieren. Meditation ist ein Prozess, der mit Hilfe verschiedenster Techniken abläuft und dadurch auch an Qualität gewinnt.

Lass dich auch niemals von anderen Menschen verunsichern. Viele haben beim Meditieren spezielle Erlebnisse, sehen helles Licht oder Lichtgestalten und gehen einen sehr spirituellen bis hin zu esoterischen Weg. Dies ist jedoch individuell und wenn du eher pragmatisch veranlagt bist, dann wird deine Erleuchtung und dein helles Licht eben in Form von Entspannung pur auftreten.

Du kannst die Erlebnisse während einer tiefen Meditation deuten, wie du möchtest. Ob es eine Erscheinung ist, oder ein Traum - garantiert ist aber eine Meditation eine Möglichkeit, dem Alltag zu entfliehen und ein Weg, sich abseits der Realität zu bewegen. Meditation ist aber auf keinen Fall eine Religion und sollte es auch nicht werden. Selbst buddhistische Mönche meditieren nicht, um Lichtgestalten zu sehen, sondern darum, um den Körper und den Geist zu trennen und für eine gewisse Zeit dem Irdischen zu entfliehen.

Was sind Störungen und Unterbrechungen meiner Meditation?

Als Unterbrechung einer Meditation wird jener Fall angesehen, wenn du dein Meditationsobjekt aus den Augen verlierst, deine Gedanken abschweifen und du dich während der Meditation mit anderen Themen, Sorgen oder Problemen befasst. Im Großen und Ganzen dient die Meditation dazu - nichts zu denken. Sobald du zu viel nachdenkst und das auch zulässt, gilt dies als Unterbrechung der Meditation.

Als Störungen gelten sowohl hörbare Störungen, wie das Läuten des Telefons, als auch kurze Gedankenblitze, die dich immer wieder vom Meditieren abhalten. Du findest zwar rasch wieder in den Flow zurück, wirst aber kurzzeitig immer wieder herausgerissen. Meist liegt es an mangelnder Konzentration.

Die häufigsten Konzentrationsstörungen sind die sogenannten Tamas, die auch als Trägheit bezeichnet werden. Diese treten auf, wenn du nicht regelmäßig meditierst und somit aus der Übung kommst. Dein Körper und dein Geist müssen sich immer wieder neu auf die Situation einstellen. Dies ist vergleichbar damit, als würdest du nur alle drei Monate für einen geplanten Marathon trainieren.

Diese Tamas oder eben die eigene Trägheit überwindest du am besten mit positiven Gefühlen. Aus diesen positiven Gefühlen schöpfst du eine enorme Kraftquelle für dich selbst. Diese Kraftquelle kann die Meditation für dich sein, vorausgesetzt du meditierst regelmäßig.

Eine weitere Konzentrationsstörung ist die Erregung. Diese wird auch als Rajas bezeichnet. Darunter sind eine innere Unruhe und eine Aufgeregtheit zu verstehen. Ängste, kleine und größere Dramen im Alltag, Wut und auch schlechtes Gewissen können zu diesen Konzentrationsstörungen führen. Hier ist es wichtig, vor der Meditation spezielle Entspannungsübungen zu machen, autogenes Training eignet sich hier hervorragend.

Wie entspanne ich richtig beim Meditieren?

Durch regelmäßiges Meditieren entspannt sich nicht nur dein Geist, auch dein Körper wird absolut relaxt. Wenn du zum Beispiel ständig unter Kopfschmerzen oder Nackenschmerzen leidest, kann eine Meditation wahre Wunder wirken. Wichtig ist, dass du mit deinem Körper achtsam umgehst und auf seine Zeichen hörst.

Nicht nur ein klarer Geist lebt in einem gesunden Körper, auch kann nur in einem gesunden Körper ein klarer Geist heranwachsen. Körper, Geist und Seele hängen untrennbar zusammen und können ohne den gut funktionierenden anderen Teil nicht funktionieren. Dadurch kommt es zu Störungen, wie physischen oder psychischen Schmerzen.

Dein Körper kann entspannen, sobald du eine lockere Position einnimmst. Dabei ist es nicht wichtig, ob die Körperhaltung stehend, sitzend oder liegend eingenommen wird. Sobald du es dir gemütlich gemacht hast, kannst du wieder freier atmen und loslassen. Jeder kennt das, nach getaner Arbeit möchte man sich zu Hause erst für fünf Minuten hinsetzen, nichts tun, um danach wieder mit Energie an die Hausarbeit gehen zu können.

Genau aus dieser Lockerheit, die auch als Stufe 1 oder alltägliche Ruhe und Erholung genannt wird, kannst du mit deiner Meditation beginnen.

Die zweite Lockerungsstufe ist die Lockerheit. Diese lernst du, sobald du auch in den verschiedensten Positionen, den Asanas, wirklich bequem und locker sitzen kannst. Um so weit zu kommen, benötigt man natürlich etwas Training. Wenn du diesen Punkt erreicht hast, bemerkst du, wie sich dein Biorhythmus verbessert, deine Atmung kontrollierter wird, du deinen Körper besser kontrollieren kannst und auch viel weniger häufig unter Kopfschmerzen oder Wutanfällen leidest.

Die Lösung wird in der Meditation als dritte Lockerungsstufe bezeichnet. Wenn du diese Stufe erreicht hast, dann lässt sich dein Biorhythmus über die Atmung kontrollieren und deine Muskeln sind absolut locker. Sobald du dich in diese Lockerungsstufe begibst, lässt du automatisch, ohne ein weiteres Mal nachzudenken, los. Geräusche von außen dringen nur mehr sehr gedämpft zu dir durch und alles wirkt weit weg und verschwommen. In dieser Phase kann es vorkommen, dass du ein gelegentliches Zucken der Muskeln wahrnimmst oder du bemerkst, dass sich deine Augen ungewollt rollen. Du nimmst deinen Körper nur mehr gefühlt wahr. Das heißt, du scheinst zu schweben und dein Körper wirkt nicht real. Wenn du zum ersten Mal in diese tiefenentspannte Phase eintrittst, kann dies durchaus erschreckend sein, verschafft dir jedoch Erholung pur und du wirst es lieben.

Die vierte Lockerungsstufe in der Meditation wird auch als Starre oder Diamantkörper bezeichnet. Hier nimmst du deinen Körper überhaupt nicht mehr als solchen wahr und auch von außen dringt absolut nichts mehr zu dir durch. Im Hinduismus wird dieser Zustand angestrebt und als Pratyahara bezeichnet.

Hier fühlst du dich, als hättest du deinen Körper wie eine Hülle ausgezogen. Du spürst kein Körperempfinden mehr. meist beginnt dieses Gefühl an den Beinen und setzt sich bis abschließend zum Kopf fort. Der Herzschlag und auch die Atmung senken sich stark herab und werden nicht mehr wahrgenommen. Doch keine Angst, dies ist ein reines Empfinden und ist in keiner Weise schädlich. Sobald die Meditation vorbei ist, löst sich auch die Starre wieder auf.

Als fünfte und letzte Stufe wird die Lähmung angesehen. Hierbei verlierst du die Kontrolle über den Körper komplett und kannst dich auch nicht mehr bewegen. Wer diese Phase das erste Mal erlebt, ist garantiert etwas geschockt, doch keine Angst, um hierher zu gelangen, bedarf es viel Erfahrung. Dann kann diese Lähmung auch als etwas besonders Tolles empfunden werden. Wer in diese Phase eintreten möchte und dies zum ersten Mal erlebt, sollte dies immer während einer begleiteten Meditation anstreben.

Anleitung für eine Anti- Stress- Meditation

Nun hast du bereits alles Wissenswerte, zumindest relativ viel über Meditation gelesen, nun wird es Zeit für eine Anleitung zur Anti- Stress- Meditation. Diese ist eine der beliebtesten Meditationen und eine der am häufigsten verwendeten.

Diese Meditation kannst du praktisch überall ausführen. Egal ob auf dem Weg zur Arbeit, am Schreibtisch, im Kinderzimmer oder an jedem beliebigen Ort, der dich einfach stresst und überfordert.

Die Anti- Stress- Meditation ist eine Art der Mini- Meditationen und zählt zur Gruppe der Mantra- Meditationen, über die wir in einem der vorherigen Kapitel bereits ausführlich gesprochen haben. Bei dieser Meditation konzentrierst du dich ebenfalls auf ein Mantra. Durch die Konzentration auf dein Mantra kannst du zum Beispiel einen gehörigen Lärmpegel ausblenden und dich für kurze Zeit in eine andere Welt beamen. Du kannst diese Anti- Stress- Meditation als eine kurze Auszeit vom Alltag ansehen, aus der du wieder voll gestärkt und fit zurück kommst. Ein kurzer Urlaub für den Geist quasi.

Die Anti- Stress- Meditation dauert nur 10 bis 20 Minuten, je nachdem wie viel Zeit dir gegeben ist. Für die Anti- Stress- Meditation benötigst du ein Mantra, ein Asana und am besten auch einen Wecker mit Countdown. Am besten nimmst du für diese Meditation die Gottstellung oder die Totenstellung ein - je nachdem wo du dich gerade befindest.

Du stellst dir also zuerst den Wecker, setzt dich in deiner gewählten Asana nieder, schließt die Augen und beginnst dir zuerst dein Mantra laut vorzusagen. Danach flüsterst du das Mantra nur mehr, bis ddu es nur mehr in Gedanken wieder und wieder aufsagst. Sobald der Wecker zum Ende der Meditation geklingelt hat, spannst du deinen gesamten Körper kurz an, stehst auf, schüttelst dich durch und fühlst dich augenblicklich absolut erholt.

Eine Mini- Meditation ist immer eine tolle Idee, um tote Zeit zu überbrücken, während der Busfahrt oder während du im Büro Mittagspause machst oder am Bahnhof auf den Zug wartest. Auch die Zeit, bevor die Kinder aus dem Kindergarten oder der Schule nach Hause kommen, ist ein perfektes Timing für eine kurze Anti Stress Meditation.

Was du beim Meditieren unbedingt unterlassen solltest

Im folgenden Kapitel wollen wir die Punkte behandeln, die auch als Todsünden der Meditation bezeichnet werden. Diese gilt es zu vermeiden, da sie dafür sorgen, dass die Meditation so gut wie unwirksam ist.

Der erste Punkt betrifft das Thema Betäubung. In den 1969-er Jahren war es modern, sich zum Meditieren zu berauschen. Dies ist jedoch ein absolutes No-go. Nicht nur weil es in gewissem Maße illegal ist - Betäubung und Meditation passen nicht zusammen. Dabei ist es egal, ob du dich mit Drogen, Alkohol oder sonstigen Konsumgütern betäubst. Bevor du mit dem Meditieren beginnst, solltest du deinen Körper von jeglicher Abhängigkeit befreien. Dazu gehört auch eine übermäßig ungesunde Ernährung mit Junk- Food oder ein Lebenswandel, der nur von Konsumrausch bestimmt wird.

Weiter ist es wichtig, deinen Körper und deinen Geist von Bosheit zu befreien. versuche alle schlechten Eigenschaften abzulegen und werde dir über diese bewusst. Zu diesen Eigenschaften zählen Lügen, Missgunst, Neid, Hass, Schadenfreude, Rache oder auch Frechheit. Du kannst mit einer boshaften Einstellung nie die entspannte Phase der Meditation erreichen. Versuchst du es dennoch, wäre es, als würdest du das Pferd von hinten aufzäumen.

Tamas gelten ebenfalls als Todsünde. Diese bezeichnen Trägheit, Müdigkeit, Faulheit, Ablenkung, Antriebslosigkeit und

Abgeschlagenheit. Auch hier gilt es zuerst, diesen Zustand aufzulösen, bevor du mit deiner Meditation beginnen kannst. Wenn du während einer Tamas- Phase mit der Meditation beginnst, kann es sein, dass sich dieser Zustand noch zusätzlich verstärkt.

Dasselbe gilt für Rajas, die extremen Erregungszustände. Auch hier gilt es, am besten durch autogenes Training oder einen Countdown, diese Zustände aufzulösen, bevor du mit deiner Meditation beginnst.

Auch musst du unbedingt vorher mit deinem Zweifel umzugehen lernen und die Zweifel aus der Welt schaffen. Auf Zweifeln kannst du keine gute Meditation aufbauen. Sei mutig, stehe zu deinen Ideen und Entscheidungen. Trau es dir zu, zu vertrauen. Nur wenn du dir und anderen vertrauen kannst, wirst du auch während einer Meditation so richtig entspannen können.

Wie du an diesen Punkten sehen kannst, ist Meditation nicht nur ein Programm, mit dem du entspannen kannst. Du kannst damit dein Leben komplett neu gestalten, umkrempeln und dich auf einen neuen, besseren Weg begeben. Meditation hat viel mit Lebenseinstellung zu tun. Egal ob du diese aus spiritueller oder rein praktischer Sicht anwendest.

Die dynamische Meditation

Hierbei handelt es sich um eine schnelle Art der Meditation, oder einer Vorstufe, mit der du energiegeladen in den Tag starten kannst. Starte mit einem speziellen Ritual in den Tag. Du kannst für die dynamische Meditation für einige Minuten wild tanzen oder singen. Auch wenn du dich nicht gut fühlst, kannst du mit einer dynamischen Meditation alle Ängste und Sorgen wegtanzen. Dreh die Musik auf, vergiss die Welt für einige Minuten um dich herum und tanze - es sieht dir keiner zu und wenn, wäre es auch egal.

Die Kundalini- Meditation

Die Kundalini- Meditation wird auch Sonnenuntergangs-Meditation genannt und ist besonders bei Ayurveda- Kuren oder in Meditations-Hotels sehr beliebt. Hierbei handelt es sich um eine dynamische Meditation, die aus vier Phasen besteht. Zuerst wird der gesamte Körper durchgeschüttelt, dann wird getanzt, danach lauschst du in Ruhe der Musik und gehst zuletzt in die Phase der Entspannung über. Für jede dieser Phasen solltest du 15 Minuten einplanen. Die Kundalini- Meditation gilt als wahre Energiedusche. Du fühlst dich gleichzeitig stark und kräftig, hast aber mit der Kundalini- Meditation auch die gesamte Last des Tages abgeschüttelt.

Die Nataraj- Meditation

Nataraj ist der König des Tanzes und es handelt sich hier um eine beliebte Tanzmeditation. Diese Meditation ist in drei Phasen aufgebaut und du solltest dafür 65 Minuten einplanen. Zuerst tanzt du für 40 Minuten mit geschlossenen Augen und lässt dich von der Musik, der Bewegung und vom Rhythmus treiben. Denk nicht nach, versuche dich dabei auf ein Mantra zu konzentrieren oder verwende deinen Atem als Objekt.

Danach legst du dich für 20 Minuten hin. Du solltest reglos in der Totenstellung verharren. Auch hier schaltest du jegliche Gedanken aus und konzentrierst dich maximal auf deinen Atem oder dein Mantra. Nun ist die Meditation abgeschlossen und wird mit einem Freudentanz gekrönt, der ebenfalls 5 Minuten dauert.

Die Nadabrahma- Meditation

Hierbei handelt es sich um eine ursprünglich tibetanische Meditations-Technik, für die du eine Stunde einplanen solltest. Diese Meditation ist ebenfalls in drei Phasen aufgebaut und wurde in Tibet einst zum Einstimmen in den Tag durchgeführt. Du kannst sie jedoch zu jeder Tageszeit durchführen. Nimm zuerst deine Sitzposition ein und schließe die Augen. Nun beginnst du zu summen. Die erste Phase dauert 30 Minuten und das Summen soll deinen ganzen Körper mit Vibrationen erfüllen. Du musst dafür auch nicht starr in deiner Position verharren, du kannst auch leicht die Hüften wiegen.

Nach 30 Minuten drehst du deine Handflächen nach oben und ziehst damit vom Körper weggehende Kreise in die Luft. Dazu streckst du die Hände in der Höhe deines Nabels aus und drehst die Hände nach links und rechts zu Kreisen. Dies machst du für 8 Minuten. Danach drehst du die Handflächen nach unten und ziehst für 6 Minuten die Kreise in die entgegengesetzte Richtung.

Die letzten 15 Minuten nutzt du für eine stille Meditation. Nun liegst oder sitzt du absolut regungslos und versuchst auch an nichts zu denken. Konzentriere dich nun nur auf deinen Atem. Damit es dir leichter fällt, kannst du auch deine Hände auf deinem Bauch ablegen und die Wellen des Atems spüren.

Die Devavani- Meditation

Diese Meditation gilt als sehr sanfte aktive Meditation. Devavani bedeutet Göttliche Stimme und Ziel dieser Meditation ist es, dass du mit deiner Zunge und Stimme Laute ohne Anstrengung erzeugst. Die Meditation ist in vier Phasen mit je 15 Minuten unterteilt. Zu Beginn kannst du die einzelnen Phasen auch nach Belieben kürzen. Die ersten 15 Minuten sitzt du nur ganz ruhig da und hörst einer für dich angenehmen Musik zu. Am besten eignen sich hier spezielle Esoterische Musikrichtungen oder Naturmusik. Für die nächsten 15 Minuten versuchst du wie in Babysprache zu brabbeln. Du solltest einen ruhigen und leisen Ton anschlagen. Es ist kein Schreien, Lachen, Weinen oder Kreischen erwünscht. Die nächsten 15 Minuten brabbelst du im selben Tonfall weiter, jedoch bewegst du dich nun auch dazu. Wiege deinen Körper sanft und lasse los. Die letzte Phase verbringst du auf dem Boden, lege dich hin, bewege dich nicht und verharre 15 Minuten lang in der Totenstellung. Achte darauf, dass du an nichts außer dein Mantra denkst.

Die Mandala- Meditation

Die Mandala- Meditation ist aktiv und ebenfalls in vier Phasen mit je 15 Minuten aufgeteilt. In der ersten Phase läufst du mit offenen Augen auf der Stelle. Du wirst immer schneller, deine Gedanken sind jedoch nur auf dein Mantra gerichtet. Für die zweite Phase setzt du dich auf den Boden, schließt die Augen, öffnest den Mund leicht und wiegst deinen Körper sanft. Du solltest dich in dieser Phase auf deinen Nabel als Mantra konzentrieren. Die dritte Phase verbringst du liegend am Boden. Du kreist nun deine geöffneten Augen im Uhrzeigersinn, ohne den Kopf oder den restlichen Körper zu bewegen. Die letzte Phase verbringst du in absoluter Stille

Nachwort

Du hast nun viel über Meditationen erfahren und auch einige Beispiele erhalten, wie du stille und auch aktive Meditationen durchführen kannst. Wir wünschen dir viel Spaß und gutes Gelingen und hoffen, dass du mit unseren Tipps und Tricks die absolute Entspannung findest.

Platz für persönliche Gedanken und Anmerkungen:

Platz für persönliche Gedanken und Anmerkungen:

Platz für persönliche Gedanken und Anmerkungen:

Impressum

Auflage (Erstauflage 2018)

Umschlaggestaltung, Illustration:

ILM Beratungs und Vertriebs Ltd.

Lektorat, Korrektorat: *ILM Beratungs und Vertriebs Ltd.*

Kontakt: bksl@gmx.at

Taschenbuch

KDN-ISBN: 9781980860587

e-book

ASIN:

Risiko-Hinweis und Haftung

Empfehlungen, Charts und Tabellen halten wir für verlässlich, jedoch können wir keine Garantie für Richtigkeit und Aktualität übernehmen. Die Inhalte in diesem Werk sind nach bestem Gewissen verfasst, wir halten unsere Quellen für verlässlich, aber auch hier können wir keine Garantie auf Richtigkeit und Aktualität geben. Die Informationen geben lediglich einen Einblick in die Meinung der Verfasser.

Haftungsausschluss

Die Inhalte wurden mit größtmöglicher Sorgfalt erstellt. Der Autor übernimmt jedoch keine Gewähr für die Richtigkeit und Vollständigkeit der hier befindlichen Informationen sowie bereitgestellten Inhalte.

Urheber- und Kennzeichenrecht

Bei den Inhalten, die erstellt wurden, werden die Urheberrechte Dritter beachtet. Insbesondere werden Inhalte und Rechte Dritter als solche gekennzeichnet.

Sollte der Nutzer trotzdem auf eine Urheberrechtsverletzung aufmerksam werden, bitten wir um einen entsprechenden Hinweis. Bei Bekanntwerden von Rechtsverletzungen, werden wir derartige Inhalte umgehend entfernen.

Etwaige Bilder und Grafiken: Privatarchiv, Pixabay.com, shutterstock, iconfinder.com

28863160R00045

Printed in Poland
by Amazon Fulfillment
Poland Sp. z o.o., Wrocław